LES MONSIEUR MADAME vont à la piscine

MONSIEUR MADAME™

Publié par Egmont sous le titre *Mr. Men go Swimming*, en 2015.

Traduction : Anne Marchand Kalicky.
Édité par Hachette Livre, 58 rue Jean Bleuzen 92178 Vanves Cedex.
Dépôt légal : juillet 2015.
Loi n°49-956 du 16 juillet 1949 sur les publications destinées à la jeunesse.
Achevé d'imprimer par Rotolito Romania en Roumanie.

LES MONSIEUR MADAME vont à la piscine

Roger Hargreaves

Écrit et illustré par Adam Hargreaves

hachette
JEUNESSE

Il y a beaucoup d'endroits où tu peux nager.

Tu peux nager à la mer, par exemple.

Tu peux nager dans une rivière aussi.

Mais tu ne peux pas nager dans une baignoire.

Un jour, monsieur Chatouille décida d'apprendre à nager dans une piscine.

Quand il arriva dans les vestiaires, il rencontra monsieur Nigaud.

Lui aussi était venu faire quelques petites longueurs.

Mais aussi nigaud qu'il était, il avait mis une écharpe et des gants, juste parce qu'il avait entendu dire que l'eau était un peu froide.

Sacré monsieur Nigaud !

Comme tu le sais, monsieur Chatouille avait des bras extraordinairement longs.

Il se trouva que des bras extraordinairement longs ne permettaient pas de nager facilement.

D'abord, il essaya de nager la brasse.

Puis monsieur Malin lui montra comment nager le papillon.

Enfin, madame Sage lui suggéra d'essayer le dos crawlé.

Mais après toutes ces tentatives, monsieur Chatouille comprit qu'il ne réussirait jamais à apprendre à nager.

Il décida alors de s'asseoir et d'observer les autres.

Il regarda monsieur Pressé faire des allers-retours rapides dans le bassin.

Il admira madame Acrobate s'élancer du plongeoir.

Il vit madame Canaille éclabousser madame Petite
en sautant du bord.

Mais comme tu peux t'en douter, monsieur Chatouille ne pouvait pas se contenter de s'asseoir et de regarder.

Il ne résista pas à un ou deux guili-guili et… chatouilla madame Beauté qui tomba de son matelas.

Il chatouilla madame Timide qui nageait sous l'eau.

Et il chatouilla monsieur Inquiet qui hésitait à sauter.

Mais, ce n'est pas comme cela qu'il allait apprendre à nager.

Soudain, il eut une idée.

Des brassards !

Mais pas seulement deux brassards.

Oh non ! Pas avec des bras aussi longs !

Monsieur Chatouille avait besoin de plusieurs brassards pour chaque bras.

Ce qui fut très pratique pour nager...

… mais très gênant pour chatouiller !

RÉUNIS VITE LA COLLECTION ENTIÈRE

DES **MONSIEUR MADAME**

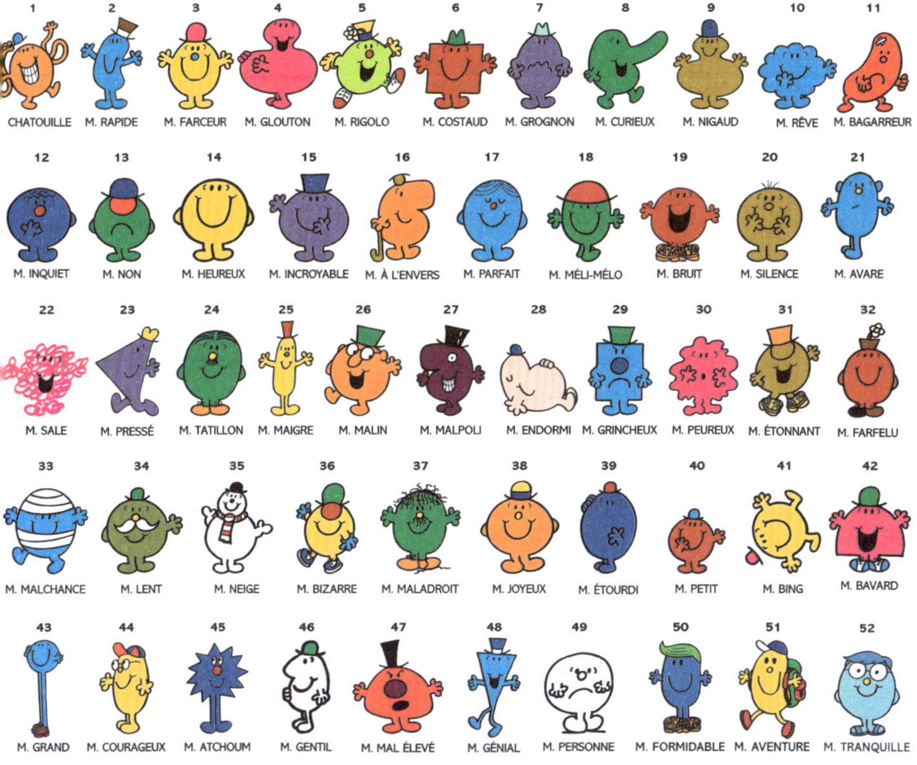

1. CHATOUILLE
2. M. RAPIDE
3. M. FARCEUR
4. M. GLOUTON
5. M. RIGOLO
6. M. COSTAUD
7. M. GROGNON
8. M. CURIEUX
9. M. NIGAUD
10. M. RÊVE
11. M. BAGARREUR
12. M. INQUIET
13. M. NON
14. M. HEUREUX
15. M. INCROYABLE
16. M. À L'ENVERS
17. M. PARFAIT
18. M. MÉLI-MÉLO
19. M. BRUIT
20. M. SILENCE
21. M. AVARE
22. M. SALE
23. M. PRESSÉ
24. M. TATILLON
25. M. MAIGRE
26. M. MALIN
27. M. MALPOLI
28. M. ENDORMI
29. M. GRINCHEUX
30. M. PEUREUX
31. M. ÉTONNANT
32. M. FARFELU
33. M. MALCHANCE
34. M. LENT
35. M. NEIGE
36. M. BIZARRE
37. M. MALADROIT
38. M. JOYEUX
39. M. ÉTOURDI
40. M. PETIT
41. M. BING
42. M. BAVARD
43. M. GRAND
44. M. COURAGEUX
45. M. ATCHOUM
46. M. GENTIL
47. M. MAL ÉLEVÉ
48. M. GÉNIAL
49. M. PERSONNE
50. M. FORMIDABLE
51. M. AVENTURE
52. M. TRANQUILLE

DANS LA MÊME COLLECTION :

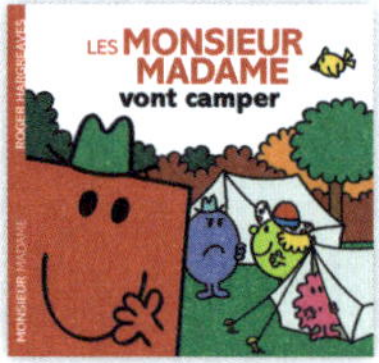

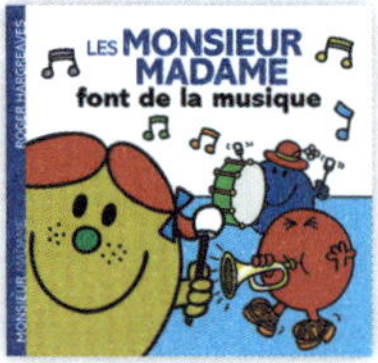